AF262399

LE SECRET

DES

ACTES D'HUISSIERS

LOI DU 15 FEVRIER 1899

HISTORIQUE,

COMMENTAIRE ET APPLICATION

PAR

Gilbert MASSONIÉ

Docteur en Droit

Avocat

1907

ALGER. — IMPRIMERIE ADMINISTRATIVE GOJOSSO

ALGER

COMMENTAIRE

DE LA LOI DU 15 FÉVRIER 1899

SUR LE

SECRET DES ACTES DES HUISSIERS

Par Gilbert MASSONIÉ

Docteur en Droit — Avocat

COMMENTAIRE

DE LA

LOI DU 15 FÉVRIER 1899

SUR LE

Secret des Actes des Huissiers

INTRODUCTION

ORIGINE ET ÉLABORATION
DE LA LOI

La loi du 15 février 1899 a pour origine une proposition déposée par M. Gamard, député, le 1er juillet 1897. Elle dérivait du désir de protéger les actes signifiés par les huissiers contre les indiscrétions des tiers, et notamment de la personne appelée à recevoir la copie en l'absence ou à défaut de la partie.

Cette idée, que les rédacteurs du Code de procédure civile n'avaient pas entrevue, n'était cependant pas nouvelle puisque à propos d'un acte spécial, la citation en conciliation en matière de divorce et de séparation de corps, l'art. 1er de la loi du 18 avril 1886, devenu l'art. 237 § 2 du Code civil, avait ordonné que la copie serait remise « sous pli fermé ».

C'est cette mesure que M. Gamard, montrant les inconvénients qui peuvent résulter de la divulgation du contenu d'un acte d'huissier, proposait de généraliser par l'addition à l'art. 68 du Code de procédure civile d'un paragraphe portant que les exploits seraient délivrés sous enveloppe fermée lorsqu'ils seraient remis à des tiers autres que les officiers de police judiciaire qui doivent donner leur visa.

Cette proposition fut prise en considération et le principe en fut adopté par la commission à laquelle elle avait été renvoyée, sauf une modification consistant à désigner, dans le texte nouveau, les personnes entre les mains desquelles la remise de l'exploit exigerait la formalité de l'enveloppe.

Elle fit ensuite l'objet d'un rapport supplémentaire de M. Lebret qui, au nom de la commission, proposa à la Chambre l'adoption d'un texte quelque peu modifié mais à peu près identique au texte actuel.

L'innovation avait été bien accueillie. Cependant, pour beaucoup de personnes, la réforme proposée ne pouvait assurer qu'incomplètement le secret de l'acte. L'enveloppe fermée, disait-on, empêcherait sans doute le tiers à qui serait remise la copie de prendre connaissance de l'exploit, mais il fallait aller plus loin : il fallait que ce tiers ne pût savoir que le pli à lui confié contient un acte d'huissier. Le secret, en effet, n'existera pas si, en présence de ceux-là mêmes dont on redoute l'indiscrétion et la malignité, l'huissier doit remplir les formalités de l'inscription du *parlant à* .. et de la mise sous enveloppe. Aussi proposait-on de supprimer la mention du *parlant à...* sur la copie ; celle-ci aurait été simplement placée sous enveloppe et remise comme une lettre ordinaire.

La commission ne crut pas devoir aller jusque-là ; elle n'osa pas toucher à une formalité essentielle de notre procédure, la conformité de l'original et de la copie. Cela était inutile, car, par elle-même, la simple réception d'un acte d'huissier ne peut en aucune façon porter atteinte au crédit ni à la considération d'un citoyen. D'ailleurs que pourra savoir le tiers auquel la copie sera ainsi remise sous enveloppe fermée ? Que celle-ci renferme un acte d'huissier, sans doute, mais il lui sera en tous cas impossible de connaître en quoi consiste cet acte et ce qu'il peut contenir. Peut être même est-il utile que ce tiers ne puisse confondre le pli à lui remis avec avec un de ces nombreux papiers sans importance que l'on reçoit souvent, et que son attention soit même attirée sur son importance et sur la nécessité de sa remise immédiate à l'intéressé. Cette dernière préoccupation se fit jour dans le rapport présenté au Sénat par M. Garreau, et de là vint l'addition à la formalité de l'inscription du nom du destinataire sur l'enveloppe, de celle de l'apposition du cachet de l'huissier sur la fermeture du pli.

C'est après avoir été ainsi modifiée et complétée que la proposition devint la loi du 15 février 1899, dont nous allons maintenant présenter le commentaire.

La loi nouvelle, il faut le remarquer, n'a touché à aucune des formalités imposées par l'ancien texte pour assurer la remise des actes d'huissier. Cela résulte de ce que le législateur, en intercalant la réforme dans l'art. 68 du Code de procédure civile, a laissé subsister en entier, en ce qui concerne ces formalités, l'ancien texte de l'art. 68. On a dit cependant que l'idée du législateur étant d'assurer le secret des actes d'huissier, il convenait de se passer autant que possible, pour leur remise, d'intermédiaires. Par suite, a-t-on conclu, l'huissier ne pourrait désormais remettre la copie d'un exploit à des tiers qu'en constatant l'impossibilité de rencontrer la partie elle-même.

Mais ce serait là une exigence singulièrement gênante, une modification absolue aux règles concernant la remise des exploits à domicile, qui ne résulte aucunement de l'intention du législateur et encore moins du texte, puisqu'on a laissé subsister sans changement toutes les dispositions de l'ancien art. 68 jusqu'à celle imposant la formalité nouvelle de la mise sous enveloppe.

L'unique but du législateur a été d'assurer le secret des actes d'huissier. De là les formalités nouvelles qu'il a édictées, et qui soulèvent des difficultés relativement aux actes auxquels elles s'appliquent, relativement à leur sanction et à la mention de leur accomplissement.

La loi nouvelle s'applique à l'Algérie comme modificative du Code de procédure déclaré applicable par l'ordonnance du 16 avril 1843; elle s'en est d'ailleurs formellement expliquée dans son article 8.

CHAPITRE PREMIER

Etendue et portée de la loi.

§ 1er. — GÉNÉRALITÉ DE LA LOI

Si l'on s'en tenait à une interprétation étroite des textes, peut-être faudrait-il dire que la réforme ne concerne que les exploits introductifs d'instance. En effet, c'est l'art. 68 du Code de procédure civile qui la contient et cet article ne semble viser que cette catégorie d'actes, puisqu'il est placé au titre *Des ajournements*. Dès lors ne faudrait-il pas conclure que la réforme n'a que cette portée limitée ?

Il n'en est rien. D'abord, pour en rester aux arguments de texte, il est généralement admis que les formalités édictées par l'art. 68 s'appliquent à tous les exploits dont les ajournements ne sont qu'un type. Le texte l'indique bien, puisque, quoique placé dans un chapitre spécial, il dit : « Tous exploits...» et le fait que la loi nouvelle a été incorporée à l'art. 68 entraîne cette conséquence que les formalités nouvelles sont d'une application générale comme l'étaient les anciennes. Cependant, a-t-on dit, cet argument n'est pas absolument convaincant, car toutes les formalités prescrites par l'art. 68 ne s'appliquent pas aussi rigoureusement à tous les actes autres que les ajournements. Il est facile de répondre que l'insertion de la loi nouvelle dans le corps de l'art. 68 n'est qu'un accident, et qu'elle n'eût pu trouver place ailleurs puisque ce n'est que là que le Code de procédure édicte des règles générales applicables à tous les exploits. D'ailleurs l'intention du législateur n'est pas douteuse puisque la loi est intitulée « Loi sur le secret des actes signifiés par huissier ». Cela a été dit maintes fois au cours des travaux préparatoires. « La réforme excellente consacrée par la loi du 18 avril 1886, disait le rapporteur M. Lebret, avait le tort d'être restreinte à la matière du divorce. Aussi notre honorable collègue, M. Gamard, a-t-il saisi la Chambre des députés d'une proposition de loi générale sur le secret des actes d'huissier. » Cela se comprend facilement, car les motifs qui ont inspiré la réforme se retrouvent, quel'e que soit la nature de l'acte, par cela seul qu'il émane d'un huissier, et il importe, au même titre, d'éviter les inconvénients qui résulteraient de sa divulgation.

Aussi l'interprétation extensive, adoptée par la doctrine, l'a-t-elle été également par la jurisprudence, et nous allons maintenant en voir les applications. Nous nous demanderons ensuite si l'on ne doit pas cependant admettre certaines exceptions.

§ 2. — APPLICATIONS DIVERSES

1° *Matières civiles*

Les formalités imposées par la loi nouvelle s'appliquent :

a) Aux exploits d'ajournement ;

b) Aux citations en justice de paix. Cependant ces exploits sont régis par l'art. 4 du Code de procédure et non par l'art 68, de sorte que l'argument tiré du nouveau texte de celui-ci tombe. Mais il faut rappeler la généralité de la loi et ses motifs tout aussi impérieux ici qu'ailleurs (Trib. de paix du Croisic, 24 oct. 1899, D. P. 1900, 2, 1 ; Trib. de paix d'Agen, 27 avril 1904, D. P. 1905, 1, 410) ;

c) Aux actes d'appel. L'acte d'appel, en effet, est un véritable ajournement soumis à toutes les formalités de celui-ci (Rennes, 17 juin 1899, D. P. 1900, 2, 1; Trib. Bourg, 16 juin 1899, *ibidem*; Montpellier, 12 et 14 déc. 1899 *ibidem*; Bordeaux, 23 février 1900, D. P. 1901, 2, 393; Pau, 14 mai et 6 juin 1900, D. P. 1901, 2, 217; Montpellier, 27 oct. 1900, *ibidem*; Rennes, 13 mai 1901, D. P. 1903, 2, 265; Lyon, 5 juin 1901, *ibidem*; Pau, 26 fév. 1901, D. P. 1904, 2, 377; Bordeaux, 12 août 1902, *ibidem*; tous les arrêts de la Cour d'Alger cités *infra*);

d) Aux significations de jugement à partie (Chambéry, 30 janv. 1900, S. 1900, 2, 173);

e) A la signification d'un arrêt d'admission de pourvoi en cassation (Cass. 21 mai 1901, D. P. 1901, 1, 321);

f) A la sommation faite à un tuteur, conformément à l'art. 447 du Code civil, d'avoir à comparaître à une réunion du conseil de famille convoqué pour délibérer sur une demande de destitution de la tutelle (Trib. Marmande, 8 mars 1900, S. 1900, 2, 220).

g) A la dénonciation d'un procès-verbal de saisie immobilière (Paris, 15 déc. 1899, D. P. 1900, 2, 124);

h) Aux actes d'exécution, notamment à un procès-verbal de saisie-revendication (Trib. Dijon 13 juillet 1899 D. P. 1900, 2, 1). Sans doute ici l'exigence de la loi se comprend moins, car l'acte d'exécution est accompli en présence du parent ou serviteur auquel la copie sera remise, l'huissier l'interpelle, lui fait connaître l'objet de sa mission, il mentionne sa réponse et la lui fait souvent signer. Mais l'acte d'exécution est un exploit soumis par l'art. 686 du Code de procédure civile à toutes les formalités des exploits et la loi ne permet de faire aucune distinction ;

i) Aux actes comportant une interpellation et une réponse de la part de la personne à qui la copie est remise, tels que les actes d'offres. Ici, comme tout à l'heure, il pourra résulter de l'accomplissement de cès formalités une certaine étrangeté; en effet, la personne connaît l'acte en tout son contenu et la mise de la copie sous enveloppe constitue dès lors, a-t-on dit, une comédie. Aussi a-t-il été soutenu que la loi nouvelle, ayant eu pour but d'assurer le secret des actes d'huissier, avait par là même supprimé dans tous les act s de cette nature la nécessité de l'interpellation et de la réponse, lorsque l'huissier s'adresse à une autre personne que la partie elle-même. Mais on ne saurait lui attribuer une telle portée. La publicité donnée, dans ce cas à l'acte, résulte des textes du Code civil et du Code de procédure civile auxquels la loi nouvelle n'a aucunement touché. D'ailleurs la mise sous enveloppe assurera toujours le secret à l'égard des tiers autres que la personne qui a reçu copie. Mais quelque inutiles que puissent paraître parfois les formalités imposées par la loi nouvelle, son texte ne comporte aucune distinction (Trib. Seine, 17 déc. 1900, D. P. 1901. 2. 217).

2° *Matières criminelles*

La loi du 15 février 1899 est-elle applicable aux exploits signifiés en matière criminelle, cette expression étant prise *lato sensu* ?

On peut en douter tout d'abord. En effet, il est certain que les exploits en cette matière ne sont pas soumis à toutes les formes exigées en matière civile, et la jurisprudence se montre beaucoup moins rigoureuse à leur égard. Il suffit, pour leur régularité, qu'ils soient parvenus à la partie citée. Aussi a-t-on dit que, malgré les termes généraux de la loi, elle ne devait s'appliquer qu'en matière civile.

Pour mieux préciser, on a dit que la loi du 15 février 1899 visait uniquement l'article 68 du Code de procédure civile, et que rien dans le texte de la loi n'indiquait que le législateur eût voulu étendre les dispositions nouvelles à des actes régis jusqu'à ce jour par les seules dispositions du Code d'instruction criminelle (Riom, 14 décembre 1899, D. P. 1900. 2. 393).

Ce raisonnement part d'un point de vue erroné et méconnaît

absolument la pensée du législateur; il n'est fondé ni en droit ni en raison.

En effet, il est inexact de dire que les exploits en matière criminelle ne font point, quant à leur forme, quelques emprunts au Code de procédure civile; il est constant, au contraire, qu'ils sont soumis, en ce qui concerne leur remise, aux règles édictées par les articles 68 et 69 (Cass. 23 avril 1898, D.P. 98. 1. 405; Cass. 2 janv. 1902, D. P. 1902. 5. 333; Cass. 18 déc. 1903, D. P. 1906. 1. 431). On voit toute la force de l'argument. L'article 68, aujourd'hui complété par la loi du 15 février 1899, ne doit-il pas des lors s'appliquer dans son entier à cette catégorie d'exploits? Quels seraient les motifs de douter? Quelles seraient les raisons d'apporter cette exception à une loi d'une portée absolument générale? Bien au contraire, les motifs qui ont amené le législateur à édicter la règle du secret pour les actes d'huissier apparaissent ici plus impérieux et plus pressants encore qu'en toute autre matière. Concevrait-on qu'une simple citation en justice de paix dût être soustraite soigneusement aux indiscrétions des tiers, tandis qu'il en serait autrement pour une citation devant le tribunal correctionnel ou la Cour d'assises?

L'intention du législateur n'est nullement douteuse. Dans l'exposé des motifs présenté par M. Gamard, celui-ci disait notamment : « Il suffit de citer les ajournements donnés en police correctionnelle, en cas de citation directe, pour montrer le grave préjudice que peut causer aux parties en cause, et quelquefois même à des tiers, la publicité donnée à des allégations injurieuses ou calomnieuses ».

Il faut donc conclure que les formalités de la loi du 15 février 1899 s'appliquent en matière criminelle. C'est ce que la jurisprudence a décidé généralement, et la Cour de cassation a donné à cette opinion la sanction de sa haute autorité par un arrêt du 12 janvier 1901 (D. P. 1901. 1. 289).

Mais il ne faudrait pas dire, par une exagération en sens inverse, que la loi nouvelle a étendu aux exploits en matière criminelle toutes les formalités exigées en matière civile; ni le texte, ni l'esprit de la loi ne permettent de le prétendre. C'est ce qu'a également décidé la Cour de cassation par l'arrêt que nous venons de citer.

En conséquence, la formalité de la remise sous pli fermé s'applique :

a) Aux citations directes données devant la Cour d'assises en matière de délit de presse. (Cour d'assises de Constantine, 5 mai 1899, Robe 1907. 107);

b) Aux citations devant les tribunaux de police correctionnelle (Trib. Lille, 7 juin 1899. D. P. 1900. 2. 1; Trib. Seine, 5 mai 1899 et 25 nov. 1899, *ibidem*; Paris, 16 déc. 1899. D. P. 1900. 2. 203; Trib. Evreux, 4 août 1899, *ibidem*; Paris, 27 janvier 1900, D. P. 1900. 2. 393; Trib. Pontoise, 9 mars 1900, *ibidem*; Paris 25 juin 1901, D. P. 1901. 2. 422); mais non, en Algérie, aux citations devant les tribunaux répressifs indigènes, lesquelles se font sous une forme simplifiée et sans ministère d'huissier;

c) Aux citations en simple police. Les raisons de décider sont les mêmes.

3° *Matières spéciales*

La loi nouvelle est-elle applicable aux exploits signifiés en certaines matières par des agents autres que les huissiers? L'affirmative ne semble pas douteuse si l'on songe que les actes signifiés par ces agents sont de la nature de ceux signifiés par les huissiers, actes de poursuite, d'exécution, que les mêmes raisons doivent porter à soustraire aux indiscrétions des tiers. Ces agents, d'ailleurs, signifient des actes qui sont soumis aux règles générales des exploits, et dès lors les formalités de la loi nouvelle leur deviennent applicables.

Cependant on a dit que, de par son texte même, la loi ne devait s'appliquer qu'aux actes d'huissier. La jurisprudence s'est divisée :

a) En ce qui concerne les citations données par les agents des contributions indirectes, certaines décisions ont déclaré que la loi leur était applicable (Trib. Saint-Calais, 7 juin 1901. D. P. 1903. 2. 265; Trib. Saint-Sever, 2 août 1901, *ibidem*; Agen, 2 août 1901, D. P. 1903. 1. 161), tandis que d'autres ont refusé d'admettre cette extension (Douai, 5 août 1901, D. P. 1903. 2. 265; Chambéry, 5 oct. 1901, *ibidem*.) A la suite de l'arrêt de la Cour d'Agen précité, la Cour de cassation fut saisie de la question et la chambre criminelle cassa cette décision (Cass. 15 novembre 1901. D. P. 1903. 1. 161). La Cour de renvoi ayant jugé dans le sens de l'applicabilité de la loi (Toulouse, 29 janvier 1902, D. P. 1903. 1. 161), la question a dû être portée devant les chambres réunies de la Cour de cassation qui se sont définitivement prononcées pour l'inapplicabilité de la loi. (Cass. 17 juillet 1902, D. P. 1903. 1. 161).

Depuis, la loi du 31 mars 1903 (art. 27) a déclaré les dispositions de la loi du 15 février 1899 applicables aux citations signifiées par les agents des contributions indirectes.

Cette disposition est-elle applicable à l'Algérie? Non, à défaut d'une promulgation spéciale — ou mieux, d'une déclaration d'applicabilité — si l'on adopte la manière de voir de la Cour d'Alger, exprimée dans un arrêt du 23 février 1905 (Robe, 1906, 184 rendu à propos de l'application à l'Algérie de l'art. 19 de la loi du 29 mars 1897 sur les circonstances atténuantes en matière de contributions indirectes. Mais les lois modificatives d'une législation déjà en vigueur en Algérie y deviennent de plein droit applicables, et du moment que le contentieux des contributions indirectes y était déjà régi par les mêmes règles que dans la métropole (Cass. 20 juillet 1898, Robe 1898, 320) cette nouvelle disposition y devient forcément applicable. D'un autre côté, elle n'est qu'une extension de la loi du 15 février 1899, applicable à l'Algérie. La formalité du secret s'applique donc aux citations données par les agents de l'administration des contributions diverses laquelle, en Algérie, est chargée de la perception des impôts indirects.

b) Que décider à l'égard des citations données en matière forestière par les préposés de l'administration ? Quelques décisions ont admis que les formalités de la loi devaient leur être imposées (Trib. Brignoles, 31 juillet 1901, D. P. 1903. 2. 265); mais, en présence de l'interprétation restrictive adoptée par la Cour de cassation et à défaut d'un texte spécial, il faut évidemment admettre la négative.

§ 3. — EXCEPTIONS

Malgré sa généralité, la loi nouvelle comporte cependant certaines exceptions, à raison de son texte même et de sa corrélation avec d'autres dispositions législatives qui doivent se combiner avec elle.

1° *Actes signifiés en matière spéciale*

Le texte nouveau s'applique-t-il à la citation en conciliation en matière de divorce et séparation de corps ? Cette citation, aux termes de l'art. 237 du Code civil, devait déjà être délivrée sous pli fermé, et c'est cette disposition spéciale — nous le savons — que le législateur a voulu généraliser en étendant l'exigence de la remise sous pli fermé à tous les actes d'huissier et en y ajoutant certaines formalités accessoires.

Faut-il conclure de là que la disposition spéciale de l'art. 237 du Code civil doit disparaître devant celle très générale insérée dans le texte de l'art. 68 du Code de procédure civile, et que c'est désormais à celle-ci que la citation en conciliation en matière de divorce et séparation de corps sera soumise ?

La question est délicate en même temps qu'importante. En effet, l'art. 237 ne distinguant pas, on a soutenu que la citation devait être remise sous pli fermé même à la partie en personne. En cas d'inobservation de la formalité de la remise sous pli fermé, il ne pouvait y avoir, vu l'absence de texte, de nullité (Trib. Bayonne,

7 août 1894, D. P. 1900. 2. 3, en sous-note). Autant de différences avec la loi nouvelle.

Malgré la généralité de celle-ci, nous pensons qu'elle ne peut régir la citation en conciliation en matière de divorce et séparation de corps. En effet, si la disposition de l'art. 237 du Code civil a été le point de départ de la réforme, celle-ci se suffit à elle-même, elle forme un tout et constitue quelque chose de nouveau, puisque à la formalité du pli fermé elle ajoute d'autres formalités, celles de la suscription et du cachet.

Il est donc bien difficile de conclure qu'une modification introduite dans un article du Code de procédure civile doive entraîner l'abrogation d'un texte du Code civil, d'un texte ayant trait à une matière spéciale et qui, dès lors, doit rester debout malgré l'établissement d'une règle générale nouvelle, conformément à la maxime *Specialia generalibus derogant.*

Remarquons d'ailleurs que, seule, la citation en conciliation demeurera régie par l'art. 237 du Code civil, tandis que les autres actes de la procédure de divorce ou de séparation de corps seront soumis à toutes les formalités de la loi nouvelle et seront atteints par sa sanction. Il y a là sans doute une anomalie, mais il n'appartient pas plus à l'interprète de l'atténuer que de la justifier.

2° *Actes d'avoué à avoué*

Il y a toute une catégorie d'actes qui échappent à la formalité du secret : ce sont les actes signifiés d'avoué à avoué, appelés en pratique *actes du palais.*

Tout d'abord, ces actes sont faits dans une forme simplifiée et ne sont pas soumis à toutes les formalités requises par les exploits ordinaires. En outre, ils ne doivent pas être signifiés à personne ni à domicile, et, par conséquent, ne sont pas régis par l'art. 68 du Code de procédure civile dont la loi nouvelle n'est qu'un complément.

Des raisons de bon sens militent aussi en faveur de cette opinion. De pareils actes s'adressent autant et même plus à l'avoué qu'à la partie dont il est le mandataire. La nécessité du secret ne se comprend plus ici puisque l'avoué est forcément au courant des affaires de son client et qu'en outre, il est astreint au secret professionnel. D'ailleurs la protection exagérée et inutile que l'on voudrait accorder ici au plaideur se retournerait le plus souvent contre lui. Concevrait-on que l'avoué dût conserver l'acte remis sans ouvrir l'enveloppe, le transmettre à son client et attendre ensuite ses instructions ? Mais alors, la plupart du temps, la formalité en vue de laquelle cet acte a été signifié serait sans doute accomplie, ou le délai imparti pour y procéder serait expiré !

Il n'y a donc pas d'inconvénient à ce que la copie d'un acte d'avoué à avoué soit remise à découvert. Cela est certain quand elle est remise à l'avoué lui-même, mais non peut-être lorsque, ainsi que cela arrive presque toujours en pratique, elle l'est à un clerc. Cependant, même dans ce cas, la règle doit être la même (Nancy, 11 nov. 1899, D. P. 1900. 2. 1; Toulouse, 9 fév. 1900, *Moniteur des huissiers*, 1900, 2ᵉ partie, p. 104).

La jurisprudence a fait application de cette exception relative aux actes d'avoué à avoué :

a) A l'assignation donnée à une partie, à la personne de son avoué, conformément à l'art. 261 du Code de procédure civile, pour comparaître à une enquête (Nancy, 11 nov. 1899, cité *supra*) ;

b) A une opposition à taxe signifiée par acte d'avoué à avoué, conformément à l'art. 4 de la loi du 24 décembre 1897 Nancy, 11 nov. 1899, D. P. 1900. 2. 1). Si elle était faite par exploit d'ajournement, elle serait, bien entendu, soumise à la règle générale ;

c) A l'appel d'un jugement rendu sur contredit dans une procédure d'ordre, cet acte devant être signifié à avoué, aux termes de l'art. 762 du Code de procédure civile (Bourges, 30 janvier 1900. D. P. 1901. 2. 393).

3° *Actés concernant les personnes morales*

On s'est demandé si la loi nouvelle s'applique aux exploits signifiés aux personnes morales énumérées par l'art. 69 du Code de procédure civile.

On a dit que non, par cette raison que la formalité du secret est
imposée par l'art. 68, et que ces exploits étant régis par l'art. 69,
il ne saurait être question de la leur appliquer. C'est là un argument de texte bien étroit, auquel on peut opposer la généralité des
termes de la loi, un argument qui tombe devant cette considération que la disposition du dernier paragraphe de l'art. 68 étant
déjà applicable aux cas prévus par l'art. 69, il doit en être de même
de la disposition nouvelle. Si l'art. 69 indique à quelles personnes
doit être faite la remise de l'exploit quand il s'agit de personnes
morales, ce n'est pas à dire pour cela qu'il change rien aux formes
générales prévues par l'article précédent.

Il faut ici faire une distinction :

a) En ce qui concerne les administrations publiques, la remise à
découvert des exploits aux mains de leurs représentants ou de leurs
préposés ne présente pas les inconvénients auxquels le législateur a
voulu remédier. En outre, ces personnes doivent donner leur visa :
elles connaissent donc l'acte et il paraît, en outre, difficile d'exiger
qu'elles déclarent avoir reçu une copie qu'on leur remet enfermée
dans une enveloppe.

C'est en ce sens que s'est prononcée la Cour de cassation qui,
par un arrêt du 1er mai 1901 (D. P. 1901. 1. 289, a décidé que la
formalité du secret ne pouvait s'appliquer à la signification d'un
exploit faite à l'Administration des Douanes, parlant à un employé
du contentieux.

Ces raisons sont loin d'être convaincantes. Pourquoi les personnes morales n'auraient-elles pas, comme les particuliers, le droit
d'être protégées contre toute indiscrétion ? Sans doute on pourrait

dire qu'ici la signification ne pourra jamais être faite à la personne elle-même, puisque cette personne n'est qu'une fiction, de sorte que la formalité du secret s'imposerait toujours, ce qui ferait de l'exception la règle, contrairement à la logique et conduirait à en écarter l'application. Mais on pourrait admettre que la signification est censée faite à la partie elle-même lorsqu'elle s'adresse au fonctionnaire qui légalement représente l'administration en cause, par exemple, au Préfet pour l'Etat, car autrement l'on se demande qui aurait le droit d'ouvrir le pli. En dehors de ce cas, on retombe dans la règle qui veut que l'exploit non remis à la partie elle-même soit délivrée sous enveloppe fermée.

L'exception, d'ailleurs, ne concerne que les administrations françaises. Ainsi un exploit remis à découvert au secrétaire du cadi représentant le beït-el-mal tunisien, administration étrangère, est nul pour inobservation de la loi (Alger, 26 mai 1904. Robe 1905. 245).

b) Quant aux personnes morales privées, aux sociétés par exemple, leur situation n'est pas la même, et si les significations qu'on leur adresse sont régies par l'art. 69 du Code de procédure civile, il n'en reste pas moins qu'elles sont soumises aux règles générales tracées par l'art. 68. La question se posa devant la Cour d'Alger et celle-ci (Alger, 19 juillet 1902, Robe 1903. 213) crut pouvoir décider que la loi ne s'appliquait pas, par cela seul qu'elle avait modifié l'art 68 et non l'art. 69, argument étroit que nous avons déjà repoussé. Il n'y a pas ici, comme pour les personnes morales énumérées dans les cinq premiers paragraphes de l'art. 69, des formes spéciales, exclusives de la remise sous enveloppe fermée. La loi est générale et doit être observée partout où cela est possible. D'ailleurs n'y aurait-il pas pour les sociétés des inconvénients à redouter si un exploit les concernant pouvait être remis à découvert à un de leurs employés, voire même à un garçon de bureau ? La formalité du pli fermé doit donc être observée toutes les fois la copie sera remise à toute autre personne qu'au représentant légal

de la société ou à un employé investi d'un mandat spécial autori-
sant la remise à découvert entre ses mains.

C'est en ce sens que la Cour de cassation s'est prononcée, cassant
l'arrêt précité de la Cour d'Alger (Cass. 8 mars 1904, D. P. 1905.
1. 409.) et la Cour d'Aix, saisie sur renvoi, s'est conformée à cette
manière de voir (Aix, 2 mars 1905, D. P. 1906. 2. 149).

4° *Actes signifiés par les notaires.*

Nous avons déjà vu que la loi s'applique à des actes du domaine
des huissiers, mais pouvant être signifiés également par certains
agents. Ici nous allons nous demander s'il ne faut pas faire une
exception pour des actes qui sont signifiés par d'autres officiers
ministériels.

a) Les protêts, lorsqu'ils sont dressés par les notaires, sont-ils
soumis aux formalités de la loi nouvelle? Sans doute les notaires
ne sont pas des huissiers et la loi ne vise que ceux-ci ; mais on peut
dire qu'il faut plutôt considérer le caractère de l'acte que celui de
l'agent qui le signifie. Or peut-on nier que le crédit d'un commer-
çant ne puisse avoir à souffrir de la divulgation d'un protêt dressé
contre lui. Et ne s'agit-il pas d'un acte qui est ordinairement signifié par les huissiers ?

Lorsqu'un notaire dresse et signifie un protêt dans la forme d'un
exploit, il remplit véritablement le rôle d'huissier et doit être soumis aux mêmes règles. Il faudrait donc conclure que la copie du
protêt, lorsqu'elle sera laissée à une autre personne que la partie
elle-même devra être conforme aux prescriptions de la loi nouvelle.
Mais en présence de l'interprétation restrictive adoptée par la Cour
de cassation, cette opinion est difficilement soutenable en pratique.

b) Que décider à l'égard des actes respectueux, lesquels, lorsque
l'ascendant à qui le notaire doit s'adresser n'est pas trouvé à son
domicile, doivent être, par analogie, signifiés conformément à l'art.
68 du code de procédure civile ? Sans doute il est désirable que

cet acte, d'un caractère particulièrement délicat, demeure secret, mais ce n'est certainement pas un exploit, et il est impossible d'autre part, de dire ici que le notaire fait fonction d'huissier. Cela conduit à admettre que la loi nouvelle ne lui est pas applicable (Trib. Saint-Pons, 30 oct. 1901, D. P. 1903. 2. 265; Trib. Versailles, 14 juin 1902 et Montpellier, 22 juillet 1902, D. P. 1904. 2. 377; Paris, 31 mai 1905, D. P. 1905. 2. 373).

§ 4. — PERSONNES A L'ÉGARD DESQUELLES LE SECRET EST EXIGÉ

Le texte de la loi est formel. La copie doit être délivrée sous enveloppe lorsqu'elle est remise à toute autre personne que la partie elle-même ou le Procureur de la République.

Si un passage du premier rapport de M. Lebret paraît dire que les inconvénients auxquels le législateur a voulu obvier n'existent pas lorsque la copie est remise au maire ou à l'adjoint, ce n'est là qu'une opinion personnelle qui n'a point prévalu et qui ne saurait être aujourd'hui proposée en présence du texte (Cass., 3 août 1903, D. P. 1903, 1, 616).

Mais les mêmes inconvénients se présentent-ils lorsque la copie est remise à un parent ? Sans doute, mais cependant s'il s'agit d'un parent très rapproché, habitant sous le même toit que la partie, vivant avec elle d'une vie commune ?

D'abord le texte ne distingue pas et, dès lors, toute distinction devient impossible. Puis comment tracer la limite et dire que tel parent est assez rapproché pour faire fléchir la rigueur de la loi ? D'ailleurs il n'est pas téméraire d'affirmer que, même entre parents très rapprochés, il peut y avoir des secrets. Sans doute il peut paraître bizarre que, à propos d'une affaire intéressant deux époux, deux copies identiques soient remises à la même personne, l'une ouverte et l'autre sous enveloppe, si l'un des conjoints reçoit copie pour l'autre, mais encore une fois, la loi ne permet pas de faire des distinctions qui seraient forcément arbitraires.

C'est en ce sens que la jurisprudence s'est prononcée. Elle a décidé que la loi nouvelle s'applique :

a) Lorsque la copie est remise au conjoint de la partie en cause (Trib. Evreux, 4 août 1899 ; Paris, 15 déc. 1899, cités *suprà* ; Bordeaux, 12 août 1902, cité *suprà* ; Alger, 13 fév. 1905, Robe, 1905, 275) ;

b) Lorsqu'elle est remise à sa mère (Trib. Lille, 7 juin 1899, cité *sup'à* ; Alger, 24 déc. 1902, Robe, 1903, 281);

c) Lorsqu'elle est remise à son fils ou à sa fille (C. d'ass. de Constantine, 5 mai 1899, cité *suprà* ; Rennes, 13 mai 1901, cité *suprà*) ;

d) Que décider lorsque la copie est remise au mandataire de la partie ?

D'après un arrêt (Chambéry, 30 juillet 1900, D. P. 1902, 2, 121), la règle ne peut ici recevoir d'exception, tandis qu'une autre décision a considéré que, dans ce cas, la copie devait être censée remise à la partie elle-même et qu'en conséquence, la formalité du pli fermé ne s'imposait pas (Toulouse, 12 déc. 1902, D. P. 1904, 2, 377). Nous ne pouvons, pour notre part, que rappeler la règle impérieuse de la loi à laquelle on ne pourrait, semble-t-il, faire d'exception qu'en ce qui concerne la copie remise au mandataire légal de la partie (V. *suprà* : § 3, 2°), par exemple, son avoué, mais, en dehors de ce cas, permettre aux tribunaux de rechercher si oui ou non le mandataire a le pouvoir d'ouvrir le pli serait substituer l'arbitraire à la règle fixe que le législateur a voulu établir.

CHAPITRE II

Sanction de la Loi

§ 1er. — EN QUOI ELLE CONSISTE

Toute loi doit avoir une sanction. Quelle sera la sanction de celle-ci. en cas d'inobservation, c'est-à-dire lorsque la copie n'aura pas été remise sous pli fermé, ou lorsque l'acte ne mentionnera l'accomplissement des formalités prescrites que d'une manière incomplète ou irrégulière ?

Il s'en faut qu'un acte de procédure soit nul pour n'être pas absolument conforme à toutes les prescriptions de la loi, et même l'art. 1030 du Code de procédure civile défend d'annuler un acte de procédure lorsque la nullité n'est pas formellement prononcée par la loi. Dans le silence de la loi qui nous occupe, c'est cette disposition qu'il faut appliquer, a-t-on dit, et cela d'autant plus qu'il est impossible de considérer la mise sous enveloppe comme une de ces formalités essentielles dont l'omission peut quelquefois, malgré l'absence de texte, entacher un acte de nullité. D'ailleurs, ajoute-t-on, c'est bien ainsi que le législateur l'a entendu, car voici en quels termes M Gamard s'est exprimé à ce sujet : « En cas de manquement à cette prescription, les huissiers seront passibles de l'amende édictée par l'art. 1030 du Code de procédure civile ; ils pourront aussi être poursuivis par la partie lésée, conformément à l'art. 1382 du Code civil. »

Sans doute, en principe, il n'y a pas, en matière de procédure, de nullité sans texte ; mais précisément ici le texte n'est pas difficile à trouver. En effet, la loi nouvelle a été incorporée à l'art. 68 du Code de procédure civile, elle en fait partie intégrante. Or l'art. 70 dispose que « ce qui est prescrit *par les deux articles précédents* sera observé à peine de nullité. » Les mentions imposées par la loi nouvelle étant exigées par l'art. 68 nouveau, et l'art. 70 n'ayant pas été modifié, il s'ensuit nécessairement que leur inobservation doit entraîner la nullité de l'acte.

Il ne s'agit pas, en effet, de créer une nullité sans texte, mais seulement de savoir si la partie nouvelle d'un texte complété doit bénéficier de la sanction qui assurait le respect du texte primitif. Or la loi nouvelle ayant pris la place de l'ancien art. 68 dans le Code de procédure, le législateur n'avait pas à spécifier d'autre garantie à l'exécution des formalités nouvelles que la sanction de nullité édictée par l'art. 70 du même Code.

En vain dirait-on que telle n'a pu être la volonté du législateur, en se prévalant des paroles de M. Gamard que nous avons rappelées.

Tout d'abord, quand il s'agit des lois élaborées depuis quelques années, ce n'est qu'avec la plus grande circonspection que l'on doit invoquer les affirmations émises au cours des travaux préparatoires, car, on l'a souvent remarqué, elles peuvent fournir des arguments à toutes les opinions. Ensuite rien ne dit que le législateur ait adopté cette manière de voir, laquelle ne peut être considérée que comme une opinion personnelle, et le contraire résulte de la façon dont il a intercalé la réforme dans l'art. 68 aujourd'hui modifié et complété, mais qui subsiste avec les mêmes références et, par suite, les mêmes sanctions que l'ancien. D'ailleurs, en cas de nullité de l'exploit, l'huissier pourra être condamné aux frais de l'acte et à des dommages-intérêts, non pas en vertu de l'art. 1030 du Code de procédure civile, mais bien en vertu des art. 71 et 1031 qui prévoient précisément le cas de nullité de l'acte.

On conçoit l'importance pratique de la question. Un acte nul en la forme, c'est quelquefois toute une procédure annulée. Si c'est un ajournement, il pourra se faire que le droit lui même se trouve prescrit, et que l'action ne puisse plus être intentée. Si c'est un acte d'appel, ce sera presque toujours l'irrecevabilité de l'appel qui s'ensuivra. En tous cas, ce seront des lenteurs et des frais. Aussi la question a-t-elle été vivement discutée devant les tribunaux ;

mais la jurisprudence s'est, à l'unanimité, prononcée pour la nullité, et la question ayant été soumise à la Cour de cassation, celle-ci s'est décidée dans le même sens (Cass., 12 janv. 1901, D. P. 1901, 1, 289 ; Cass., 21 mai 1901, D. P. 1901, 1, 321). La Cour suprême, dans des motifs très brefs, mais très fermes, fait résulter la nullité de l'art. 70 du Code de procédure civile.

En Algérie, la question s'est posée de savoir si la nullité pourrait être considérée comme facultative, aux termes de l'art. 69 de l'ordonnance du 26 septembre 1842, et si, en conséquence, le juge pouvait en relever la partie.

L'application de cette faculté exorbitante du droit commun, très large au début, a été, par la suite, successivement restreinte dans les limites de plus en plus étroites, *et* la Cour d'Alger a cru devoir l'écarter en notre matière (Alger, 22 mai 1901, Robe, 1901, 327 ; Alger, 31 déc. 1901, Robe, 1902, 45 ; Alger, 17 déc. 1903, *Rev. Alg.*, 1906, 2, 287 ; Alger, 11 fév. 1904, Robe 1904, 375).

Ce n'est pas à dire que les motifs de ces arrêts, qui parlent de l'omission d'une formalité substantielle, méritent d'être approuvés. La nullité encourue est certainement une nullité de pure forme, comme nous le verrons, mais ces décisions n'en sont pas moins conformes à la jurisprudence algérienne et à la tendance par elle manifestée.

§ 2. — CARACTÈRE DE LA NULLITÉ

Quel est le caractère de la nullité encourue en cas d'inobservation des formalités prescrites par la loi nouvelle ?

Certains arrêts l'ont qualifiée de « nullité radicale », mais il est difficile de savoir ce qu'on entend par là. C'est certainement une nullité qui doit être prononcée malgré l'absence de préjudice pour la partie qui a le droit de l'invoquer, mais c'est incontestablement une nullité de forme, une nullité d'acte, qui doit être proposée *in limine litis*. Par conséquent, elle sera couverte si le défendeur a conclu au fond. (Pau, 14 mai 1900, D. P. 1901, 2, 47 ; Trib. Seine, 2 fév. 1901, *ibidem* ; Alger, 28 nov. 1904, Robe, 1905. 316) et cela alors même que, tout en concluant au fond, il aurait vaguement allégué que l'exploit est nul en la forme, s'il n'a pas précisé en quoi consistait cette nullité.

Une sommation de communiquer les pièces, faite sans réserves ou accompagnée seulement de réserves générales de style, constitue un acte de défense au fond, lequel couvre la nullité (Pau, 26 fév. 1901, cité *suprà*).

Bien entendu la nullité ne serait pas couverte par la constitution d'avoué faite par le défendeur, cette formalité étant indispensable pour lui permettre de proposer l'exception de nullité devant le tribunal saisi (Bordeaux, 23 fév. 1900, cité *suprà*).

§ 3. — PREUVE DE LA NULLITÉ

La nullité se présentant sous la forme d'une exception, c'est évidemment à celui qui l'oppose à en prouver le bien-fondé. Comment pourra-t-il y parvenir ?

En principe, un exploit doit porter en lui la preuve de sa régularité. Mais ici la question se complique de l'existence de l'enveloppe que l'on a prétendu même former avec l'exploit un tout indivisible.

Qu'est-ce qui fera preuve ? L'exploit ou l'enveloppe ? Et s'il y a contradiction ?

Plusieurs hypothèses sont à distinguer :

1° L'original ni la copie ne mentionnent l'accomplissement des formalités : il y a nullité.

2° L'original le mentionne, mais non la copie. Il y a encore nullité, car il est de principe que la copie sert d'original à la partie et que les mentions qu'elle porte lui sont seules opposables (Trib. Seine, 26 juillet 1899 ; Paris, 15 déc. 1899, cités *suprà* ; Alger, 17 déc. 1903, cité *suprà* ; Alger, 13 fév. 1905, Robe, 1905, 275).

Il en est de même si sur la copie la mention est contenue dans un renvoi marginal non paraphé (Trib. Seine, 5 mai 1899 ; Trib. de paix du Croisic, 24 oct. 1899 ; Montpellier, 27 oct. 1900, cités *suprà*).

3° L'original et la copie ne mentionnent l'accomplissement des formalités que d'une façon insuffisante — et nous verrons bientôt dans quels cas il en est ainsi. Y a-t-il nullité ? Non, a-t-on dit, car il est certain que la personne a reçu la copie puisqu'elle se présente pour demander la nullité de l'exploit, et l'enveloppe devait donc porter les mentions prescrites; il appartiendrait à la partie d'établir que les formalités de la loi n'ont pas été remplies (Riom, 15 mai 1900, *Moniteur des Huissiers*, 1900, 2° partie, p. 170 ; Alger, 16 mai 1902, Robe, 1903, 60). Mais alors, par cela seul que la partie demande la nullité de l'exploit, elle devrait toujours être déboutée ! Il n'y aurait jamais nullité ! Admettre que les formalités seront supposées régulièrement accomplies, c'est formuler une présomption que rien n'autorise. Ce n'est pas à la partie, en effet, qu'il incombe de prouver que l'enveloppe ne portait pas les mentions prescrites ; elle fait la preuve à sa charge dès qu'elle produit une copie irrégulière, et ce serait à l'adversaire à renverser cette preuve s'il le pouvait.

4° L'original et la copie sont réguliers, mais la partie citée prétend que l'enveloppe n'était pas fermée, ou qu'elle ne portait pas les mentions prescrites. C'est évidemment à elle à le prouver. Si elle ne produit pas l'enveloppe incriminée, elle ne peut être écoutée, non pas, comme le dit la Cour de Toulouse dans un arrêt du 5 décembre 1900 (D. P. 1901, 2, 217) parce que l'enveloppe fait corps avec l'exploit, mais tout simplement parce que le défendeur doit prouver ses allégations et justifier l'exception qu'il invoque (Trib. Seine, 25 nov. 1899, cité *suprà*).

Mais si l'enveloppe est présentée et qu'elle se trouve être irré- gulière ? Cela ne prouve pas que les formalités n'aient pas été remplies, car rien n'établit que cette enveloppe ait contenu l'exploit en question (Douai, 18 mai 1900, D. P. 1902, 2, 313). Mais s'il en est autrement, si le fait est établi ou non dénié, nous pensons que la constatation de l'accomplissement des formalités dans l'exploit ne pourra prévaloir contre la preuve du contraire résultant de la production de l'enveloppe (Trib. Pontoise, 9 mars 1900, cité *suprà*).

A l'inverse, les mentions de l'enveloppe ne pourraient suppléer à l'omission de celle de la copie.

En somme, l'enveloppe et la copie sont deux actes distincts dont chacun doit se suffire et dont l'un ne peut corriger l'irrégularité de l'autre (Pau, 11 avril 1900, D. P. 1901, 2, 217).

CHAPITRE III

Formalités et mentions imposées par la loi

§ 1er. — FORMALITÉS

Les formalités introduites par la loi nouvelle consistent dans la mise de la copie sous enveloppe fermée, laquelle ne doit porter d'autre indication, d'un côté, que les noms et demeure de la partie et, de l'autre, que le cachet de l'étude de l'huissier apposé sur la fermeture du pli.

Il faut reprendre en détail ces deux formalités qui, d'ailleurs, ne nous retiendront pas longtemps.

1° *Enveloppe*

Le mot « enveloppe » employé par la loi ne permet plus de se demander, comme on le faisait, à propos de l'art. 237 du Code civil, s'il suffirait que l'exploit fût remis sous bandes entre-croisées : il faut, de toute nécessité, une enveloppe close.

2° *Suscription et Cachet*

L'enveloppe doit porter le nom et l'adresse du destinataire et, en outre, afin de mieux assurer la remise de l'acte en appelant l'attention du tiers sur son importance, le cachet de l'huissier ; et ces mentions doivent être apposées chacune sur un côté différent du pli. Toutes autres mentions sont interdites, car il pourrait en résulter une violation du secret de l'acte.

Le cachet apposé doit être celui de l'huissier et non un autre.

A ce sujet, une question s'est posée à Paris. Il existe au Palais de justice un bureau spécial dit « Bureau des huissiers audienciers » organisé pour le service correctionnel, et les actes sont signifiés par l'huissier de service, lequel, depuis la loi nouvelle, appose sur l'enveloppe un cachet ainsi conçu : « Tribunal de première instance, département de la Seine : Huissiers audienciers. » Un tel cachet répond-il au vœu de la loi ?

La question soumise une première fois au Tribunal de la Seine n'a pas été résolue, à défaut de représentation de l'enveloppe (Trib. Seine, 25 nov. 1899, cité *suprà*). Elle a été agitée sur appel de cette même décision devant la Cour de Paris qui s'est prononcée, malgré l'absence de l'enveloppe (Paris, 27 janv. 1900, D. P. 1900, 2, 393). « Ce n'est qu'au bureau des huissiers audienciers, dit l'arrêt, que la partie cité pourra utilement se renseigner : il faut donc qu'elle sache que l'exploit en provient. » Mais ce motif est absolument inopérant, car ce n'est pas dans ce but que l'apposition du cachet de l'huissier instrumentaire a été prescrite. La loi a voulu assurer le secret de l'acte et l'apposition d'un pareil cachet ne tend à rien moins qu'à le violer. Afin d'éviter les indiscrétions et les suppositions fâcheuses, le cachet ne doit pas faire connaître que l'exploit a trait à une instance engagée devant un tribunal indiqué.

§ 2. — CONSTATATION DES FORMALITÉS

Il ne suffit pas que l'huissier ait rempli les formalités imposées par la loi, il faut encore qu'il le constate, tant sur l'original que sur la copie. « L'huissier fera mention du tout » dit le nouvel art. 68 du Code de procédure. Mais en quels termes doit-il indiquer qu'il a procédé à la mise de la copie sous enveloppe, et ensuite à l'inscription sur cette enveloppe du nom et de l'adresse du destinataire et à l'apposition de son cachet ? C'est ici que se sont produites les plus graves difficultés, les uns exigeant l'emploi d'une formule calquée sur la loi elle-même, les autres se contentant d'équivalents plus ou moins précis. La plus grande divergence a régné à ce sujet dans la jurisprudence.

Un point sur lequel tout le monde est d'accord, c'est qu'ici pas plus qu'ailleurs, il n'y a pas de formule sacramentelle, et que l'huissier ne sera pas obligé de reproduire textuellement les termes mêmes de la loi.

Mais il faut qu'il soit constaté clairement que l'huissier a bien rempli chacune des formalités imposées par la loi. Si l'huissier se contente de dire qu'il a remis la copie « sous enveloppe fermée » ou « sous pli fermé » ou bien « sous enveloppe fermée et cachetée » on doit annuler l'exploit, car de pareilles mentions laissent dans le doute le point de savoir si l'huissier a revêtu l'enveloppe des mentions et du cachet prescrits (Trib. Bourg, 16 juin 1899 ; Trib. Lille, 7 juin 1899 ; Bordeaux, 23 fév. 1901 ; Pau, 14 mai 1900 et 6 juin 1900, cités *suprà* ; Alger, 22 mai 1901, cité *suprà* ; Alger, 10 mars 1903, Robe, 1904, 268 . En vain l'huissier ajouterait-il qu'il a rempli cette formalité « conformément à la loi » ou « en se conformant à la loi » ou encore « en conformité de la loi du 15 février 1899 ». L'huissier, dit-on, est censé connaître la loi. La question n'est pas là, mais bien de savoir s'il en a observé les prescriptions, et c'est lui-même qui doit nous l'indiquer par une formule précise et complète (Alger, 31 déc. 1901 ; Alger, 24 déc. 1902, cités *suprà* ; Alger, 21 déc. 1903, Robe, 1903, 281 ; Cass. 3 août 1903, cité *suprà*).

Cependant quelques décisions ont validé la formule « remis copie sous enveloppe fermée (ou sous pli fermé) conformément à la loi » (Paris, 16 déc. 1899 ; Montpellier, 14 déc. 1899, cités *suprà*) ou celle « sous enveloppe fermée, formalités légales accomplies » (Alger, 16 oct. 1902, Robe, 1904, 55). D'autres décisions sont même allées plus loin et se sont contentées de formules laconiques comme celles-ci : « laissé copie sous pli cacheté » (Toulouse, 5 déc. 1900, cité *suprà*) ou encore « remis copie, formalités légales accomplies » (Alger, 16 mai 1902, Robe, 1903, 60).

De pareilles solutions ne sauraient être approuvées ; autrement on pourrait aller jusqu'à dire que l'affirmation de l'huissier qu'il a remis copie conformément à la loi suffirait pour justifier qu'il a observé toutes les formalités prescrites par l'art. 68 du Code de procédure civile pour la signification des exploits (Alger, 18 nov. 1901, Robe, 1902, 43 ; Alger, 31 déc. 1902, Robe, 1903, 237 ; Alger, 13 fév. 1905, Robe, 1905, 275).

Il est certain que l'huissier doit employer une formule indiquant qu'il a connu toutes les prescriptions de la loi et qu'il les a observées. Mais faut-il que, dans la mention qui s'y rapporte, il reprenne en détail toutes les formalités, en empruntant autant que possible les termes mêmes de la loi ?

Certaines décisions, les unes implicitement, les autres formellement, sont allées jusque-là (Rennes, 17 juin 1899 ; Trib. Lille, 7 juin 1899 ; Trib. Bourg, 16 juin 1899 ; Trib. Pontoise, 9 mars 1900, cités *suprà*). Mais cette solution rigoureuse doit être repoussée. Aussi la jurisprudence a-t-elle admis comme suffisantes les formules suivantes « remis copie sous enveloppe fermée ne portant au recto et au verso que les indications prescrites par la loi du 15 février 1899 », bien que l'huissier ne dise pas en quoi consistent ces indications (Alger, 29 janv. 1902, Robe, 1902, 170 ; Alger, 6 janv. 1904, Robe, 1904, 406) ou encore « remis copie sous enveloppe fermée portant suscription et cachet conformément à la loi » (Trib. Seine, 25 nov. 1899 ; Paris, 27 janv. 1900, cités *suprà* ; Bordeaux, 12 août 1902, cité *suprà* ; Alger, 28 nov. 1904, Robe, 1905, 316) ou bien « remis copie sous enveloppe fermée portant inscription et cachée conformément à la loi » (Alger, 31 déc. 1900, Robe, 1901, 98). Sans doute, à la rigueur, on peut dire que de semblables formules ne font pas connaître quelle était la teneur de l'inscription ou de la suscription mise sous enveloppe, ni quel était le cachet apposé ; néanmoins on doit s'en contenter, car elles indiquent que l'huissier a porté son attention sur chacune des formalités imposées par la loi et qu'il les a remplies en s'y conformant. C'est dans ce sens libéral que s'est prononcée la Cour de cassation par un arrêt de la Chambre criminelle du 12 janvier 1901, que nous avons déjà cité.

Bien entendu, il y aurait nullité s'il était établi, en fait, que les mentions portées sur l'enveloppe n'étaient pas celles prescrites par la loi, ou que le cachet apposé n'était pas celui de l'huissier. Mais ceci se rattache à la question de preuve que nous avons examinée précédemment.